« Qu'importe d'où tu viens et qui tu es, tu peux réussir »
Oprah Winfrey

« Je ne perds jamais. Soit je gagne, soit j'apprends »
Nelson Mandela

« Le changement est une porte qui ne peut s'ouvrir que de l'intérieur »
Terry Neill

« Je peux accepter l'échec, tout le monde échoue dans quelque chose. Mais je ne peux pas accepter de ne pas essayer »
Michael Jordan

« Le monde vous voit principalement comme vous vous voyez »
Lisa Nichols

« Tout le monde pense à changer le monde, mais personne ne pense à se
changer lui-même »
Léon Tolstoï

« Repousser ses limites est la seule manière de se connaître mieux et
de progresser humainement »
Mike Horn

« Prenez dès aujourd'hui la résolution de tirer parti de vos échecs »
David Schwarz

« Ta douleur d'hier est ta force d'aujourd'hui »
Paulo Coelho

« L'erreur est une formidable opportunité d'apprentissage »
Jane Nelsen

« Il y a dans chaque être humain une force intérieure qui, une fois libérée, peut faire de chaque vision, rêve ou désir, une réalité »
Anthony Robbins

« Les deux jours les plus importants de ta vie sont le jour où tu es né et celui
où tu as trouvé pourquoi »
Marc Twain

« Ne compte pas les jours, fait que les jours comptent»
Mohamed Ali

« Celui qui n'a pas d'objectifs ne risque pas de les atteindre »
Tzun Tsu

« Lorsque tout semble aller contre vous, souvenez-vous que les avions décollent toujours face au vent »

Henry Ford

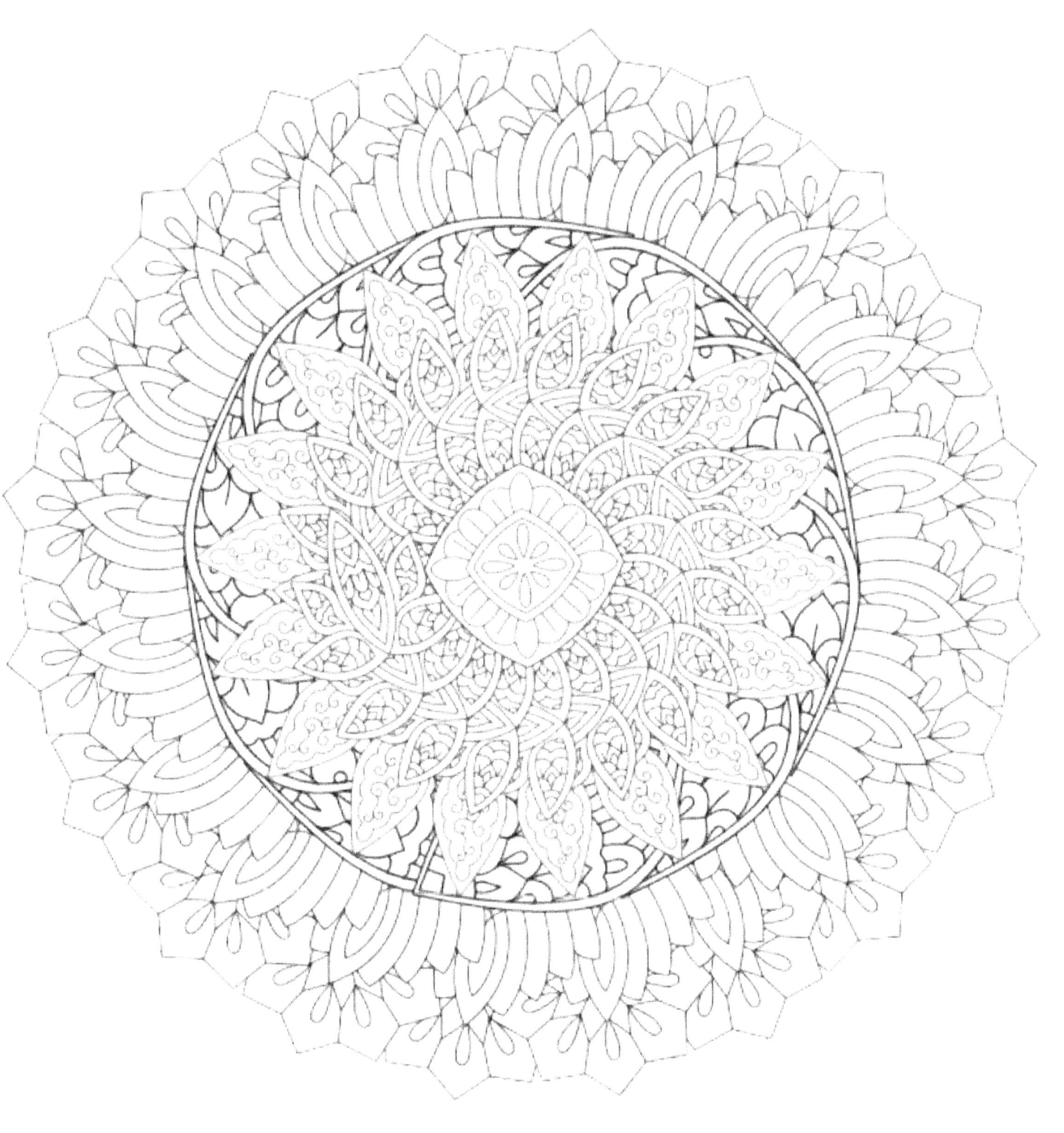

« La première règle de la réussite, ne jamais remettre au lendemain
l'exécution d'un travail »
Emmeline Raymond

« Chercher le bonheur en dehors de nous, c'est comme attendre le soleil dans une grotte orientée au nord »
Proverbe Tibétain

« Le destin n'est pas une question de chance, mais de choix »
W. Jennings Bryan

« L'énergie est contagieuse. Si tu veux voler avec les aigles, tu devras arrêter
de nager avec les canards »
T.Harv Eker

« L'important, c'est de transformer l'autocritique en quelque chose de positif »
Ivan Lendl

« Il faut tendre vers l'impossible : les grands exploits à travers
l'histoire ont été la conquête de ce qui semblait impossible »
Charlie Chaplin

« Croyez en vos rêves et ils se réaliseront peut-être. Croyez en
vous et ils se réaliseront sûrement »
Martin Luther King

« Le jour où tu cesseras de te soucier de l'opinion que les autres ont de toi,
alors ils te respecteront »
Lao Tseu

« Tout gagnant développe une image mentale positive de lui même et y pense activement »
Denis Waitley

« La clé de la réussite, c'est le désir »
Al Pacino

« La confiance en soi est le premier secret du succès »
Ralph Waldo Emerson

« Cela semble toujours impossible, jusqu'à ce qu'on le fasse »
Nelson Mandela

« Si je ne peux changer une situation, je peux en changer le sens »
Jacques Salomé

« Vous êtes la moyenne des 5 personnes que vous fréquentez le plus »
Jim Rohn

« Jamais jamais jamais. N'abandonnez jamais »
Winston Churchill

« Entourez-vous seulement de personnes qui vont vous élever plus haut »
Oprah Winfrey

« Ce ne sont pas les perles qui font le collier, c'est le fil »
Gustave Flaubert

« Le pessimiste se plaint du vent; l'optimiste espère un changement de
temps; le réaliste hisse les voiles »
William Arthur Ward

« La seule chose qu'on est sûr de ne pas réussir est celle qu'on ne tente pas »
Paul Émile Victor

« L'échec est seulement l'opportunité de recommencer d'une façon
plus intelligente »
Henry Ford

« La réussite est réservée à ceux et à celles qui cherchent toujours
à s'améliorer »
David Schwarz

« La plus grande découverte de notre génération a été de s'apercevoir qu'un homme peut changer sa vie en modifiant sa façon de penser »
Williams James

« Le don de créativité se niche en chacun de nous, dans l'attente de
s'exprimer »
Pat B. Allen

« On a toujours le choix. On est même la somme de ses choix »
Joseph O' Connor

« L'optimiste voit la rose et pas ses épines; le pessimiste ne voit
que les épines, oublieux de la rose »
Khalil Gibran

« Il n'y a qu'une chose qui puisse rendre un rêve impossible,
c'est la peur d'échouer
Paulo Coelho

« Certains veulent que ça arrive. D'autres aimeraient que ça arrive. Et les autres font que ça arrive »
Michael Jordan

« Quoique tu rêves d'entreprendre, commence-le. L'audace a du génie,
du pouvoir, de la magie »
Goethe

« La principale raison pour laquelle les gens n'ont pas ce qu'ils veulent,
c'est parce qu'ils ne savent pas ce qu'ils veulent »
T. Harv Eker

« L'imagination a le pouvoir de nous rendre infinis»
John Muir

« Avoir un mental cent pour cent positif, c'est le secret, la clé de toutes les victoires »
Mike Horn

« Soyez clair avec ce que vous voulez »
Zig Ziglar

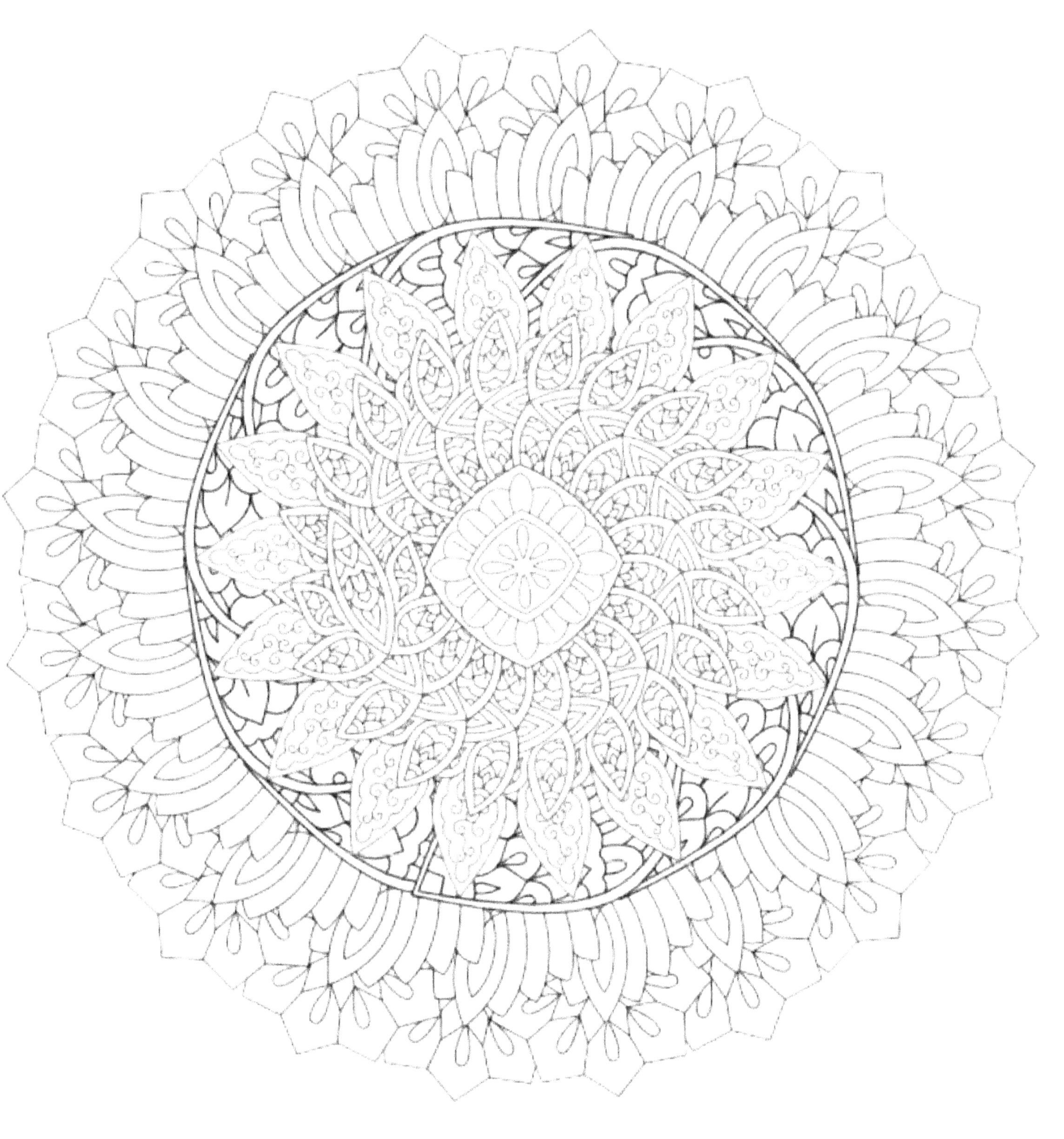

« Ce qui te manque, cherche-le dans ce que tu as »
Koan Zen

"C'est une triste chose de songer que la nature parle et que le genre
humain n'écoute pas."
Victor Hugo

« La vie est un défi à relever, un bonheur à mériter, une aventure à
tenter »
Mère Teresa